CONSEILS

POUR

FAIRE LE CAFÉ.

Imprimerie de Madame HUZARD (née Vallat la Chapelle), rue de l'Éperon, n° 7.

CONSEILS

POUR

FAIRE LE CAFÉ,

PAR M. LE Cte DE ***,

ANCIEN CHAMBELLAN.

PARIS,

CHEZ Mme HUZARD (NÉE VALLAT LA CHAPELLE),

LIBRAIRE,

Rue de l'Éperon, n° 7.

1834.

CONSEILS

POUR

FAIRE LE CAFÉ.

Un amateur, que son goût pour le café a engagé à faire beaucoup de recherches sur les moyens de le prendre le meilleur possible, et qui se détermine à livrer au public le résultat de ses recherches, ne peut se dispenser de commencer par l'éloge de son héros. Je crois donc devoir rappeler ici que cette liqueur, la plus délicieuse sans doute de toutes celles que l'homme a imaginées pour son usage, a encore l'avantage de n'être point à craindre comme le vin et les liqueurs fortes, dont les suites sont si fâcheuses : elle produit sur le cerveau une excitation modérée, avive les idées, et les soustrait d'ailleurs à l'influence écrasante de la digestion. Tout ce qu'on peut lui reprocher, c'est de produire quelquefois l'insomnie : mais c'est une qualité de plus pour les gens de lettres et les travailleurs de cabinet, qui en font généralement grand usage.

Au reste, il y a café et café, comme il y a *fagots et fagots* : et celui qu'on prend dans les auberges, dans la plupart des cafés, et même dans beaucoup de ménages, ne ressemble guère à celui que se prépare *lui-même* un gourmet difficile et expérimenté. La différence tient à deux causes : la qualité de la graine et la manière de la traiter pour obtenir l'infusion. Entrons dans les détails de ces deux chapitres.

Choix du café.

Si vous allez dans un port de mer, vous y trouverez un grand nombre de connaisseurs à hautes prétentions, et vous y entendrez mille dissertations plus ou moins savantes sur le mérite respectif des diverses espèces de café, et le mélange qu'on doit en faire pour obtenir la meilleure infusion possible. Le Moka a plus de *parfum*, le Martinique, plus de *montant*, l'Alexandrie, plus de cette amertume que recherchent quelques amateurs. L'un doit être peu brûlé, l'autre demande à l'être davantage. Tous ces préceptes, donnés comme autant d'axiômes, ne doivent pas trop être pris à la lettre. En effet, dans la même colonie il y a souvent de grandes différences dans le mérite du produit de deux habitations, tout comme il y en a dans les vins de deux crus de la même province. Ainsi, à la Martinique, le quartier de Moka donne du café bien supérieur à celui du reste de l'île. Il en est de même du quartier du Borgne, à Saint-Domingue. En outre le même café, suivant qu'il a été *gragé*, trempé ou simplement séché dans son fruit, donne une infusion plus ou moins délicate. Enfin le café, attirant très aisément l'humidité, acquiert toujours, pendant la traversée, un excédant de poids, qui donne sans doute un grand bénéfice au vendeur, mais qui diminue beaucoup son mérite pour le consommateur. Lorsque cela va trop loin, le café est dit *avarié* ou *mariné.* C'est ce qui peut lui arriver de pis; et le meilleur café de l'Arabie, lorsqu'il est avarié, ne vaut pas le Haïti ou Brésil, si celui-cì est arrivé en bon état. Au reste le Moka, ayant le grain rond et petit, et n'ayant qu'une courte traversée de mer à faire pour arriver en France (du moins celui qui arrive par l'Égypte et Marseille), est bien moins sujet que les autres à se mariner ; en outre, en Arabie, on n'emploie pour le sécher que celle des quatre méthodes qui est la plus favorable à sa qualité. Il n'est donc pas étonnant que possédant d'ailleurs un parfum bien supérieur aux autres, il ne souffre aucune comparaison et aucun mélange. Je sais que beaucoup de gourmets prétendent lui donner plus de *montant* en le mêlant avec le Martinique; mais je déclare cette pratique vicieuse, dangereuse, sentant l'hérésie et le romantisme. Qu'on mêle les autres espèces, à la bonne heure; mais grâce pour le Moka, ou l'on n'est pas digne d'en faire usage. En résumé, les soins à prendre pour le choix du café se bornent à s'assurer qu'il n'ait aucun goût de moisi, et qu'il n'ait pas été mariné. Puis, on peut adopter le classement suivant pour les espèces les plus usitées :

1°. Moka, et de préférence celui qui vient par l'Égypte et Marseille;

3°. Bourbon et Martinique;

3°. Haïti et Brésil.

Préparation.

Elle se divise en plusieurs opérations, savoir :

1°. La torréfaction ;

2°. La pulvérisation ;

3°. L'infusion.

Torréfaction.

Le café non torréfié n'a point ce parfum que chacun connaît et recherche. Il faut l'action du feu pour le développer et pour détruire la matière verte qui est contenue dans la graine, et qui a un goût particulier et désagréable. En même temps apparaît à la surface des grains une espèce d'huile brune, dans laquelle réside, je crois, une partie du principe aromatique. C'est à la volatilisation de cette huile qu'est due la bonne odeur qui se répand lorsqu'on brûle du café. C'est pour cela, sans doute qu'en général on a soin de le brûler peu. Il y a encore un autre motif : dans une quantité même considérable de café brûlé en même temps, si un seul grain se charbonne, l'infusion s'en ressent : or, comme il est difficile d'obtenir une torréfaction parfaitement égale pour tous les grains, et d'empêcher, si l'on veut que tous soient suffisamment brûlés, que quelques uns ne le soient trop, on préfère avec assez de raison ne pas pousser l'opération de manière à en risquer la réussite, et on aime mieux rester en deçà qu'aller au delà ; mais quelques personnes exagèrent ce principe et brûlent à peine le café. Il s'ensuit qu'une portion des grains échappe, pour ainsi dire, à la torréfaction, et que l'infusion n'est pas exempte du goût que lui donne la matière verte. Cadet de Vaux, dans une *Instruction sur la manière de faire le café*, publiée en 1806, indique une méthode dont il n'a pas déduit le motif, mais que je soupçonne avoir pour but d'imiter le mélange des diverses espèces de café. Il conseille de diviser la quantité qu'on veut torréfier en deux parties égales; de brûler l'une des deux seulement, jusqu'à ce qu'elle ait une couleur d'amandes sèches et qu'elle ait perdu un huitième de son poids, et la seconde jusqu'à ce qu'elle ait la teinte brun-marron et qu'elle ait perdu un cinquième : après quoi, on les mêle ensemble pour les pulvériser.

J'ai à observer ici que du café qui n'a perdu qu'un huitième de son poids change à peine de couleur : son arôme commence tout au plus à se développer, et le goût amer de la matière verte n'est pas détruit. En outre, je ne vois pas l'avantage de brûler inégalement les deux portions de café. En effet, de quelque manière qu'on s'y prenne, avec quelque adresse qu'on opère, dans une certaine quantité de café qu'on aura torréfié jusqu'à ce que son poids ait diminué d'un huitième, une portion des grains aura perdu un quart et peut-être un tiers, tandis que d'autres n'auront peut-être pas diminué d'un quinzième. Par conséquent, le mieux est d'opérer la torréfaction d'une manière aussi égale que possible, et pour cela de tourner rapidement le brûloir, surtout à la fin de l'opération, afin que tous les grains changent de place incessamment, et qu'aucun ne puisse être exposé au coup de feu assez long-temps de suite pour se charbonner. Il serait bon, pour cela, d'adapter au brûloir un petit engrenage, qui ferait faire au cylindre plusieurs tours, tandis que la main n'en ferait qu'un, afin de n'être pas obligé de se fatiguer à tourner très rapidement. Lorsqu'on fait cette opération avec soin et avec adresse, on peut la pousser jusqu'à ce que le café ait perdu un cinquième ou un quart de son poids, et l'infusion n'en est que meilleure. Il est bon d'ajouter ici qu'une forte torréfaction est toujours nécessaire lorsque le café a été mariné ou qu'il a naturellement un goût amer.

Cadet de Vaux, pensant que le contact du fer ne vaut rien au café, à cause de l'acide gallique qu'il croit exister dans cette graine, a imaginé un brûloir doublé en terre cuite, et construit de manière à n'être point traversé par une broche en fer comme les brûloirs ordinaires; mais cette précaution ne me paraît basée que sur une idée théorique, et je doute qu'il y ait un palais assez fin pour distinguer, en prenant du café, si la torréfaction a eu lieu avec ou sans le contact du fer.

Le conseil donné par quelques personnes de ne se servir pour brûler le café que de hêtre, de charme ou de tremble, se réduit à dire qu'il faut le brûler sur un feu clair, et par conséquent éviter les bois qui donnent beaucoup de fumée. En effet, il est bon de n'employer que du bois bien refendu, très sec, ou même du charbon.

Cadet de Vaux recommande de ne brûler le café que le jour où l'on doit le prendre; mais il n'allègue aucune raison de cette précaution, et ne parle pas d'une autre généralement observée, et qui consiste à faire refroidir brusquement la graine après la torréfaction, soit en la vannant, soit en l'étendant sur une table de marbre, dont le froid saisit le café, et fait, à ce que disent quelques amateurs, rentrer dans l'intérieur des grains l'huile qui en est sortie et qui tapisse leur surface. Voici, je pense, la raison de l'une et de l'autre.

Tout le monde sait que les huiles rancissent en vieillissant, et plus promptement dans une température élevée.

Une huile a donc une saveur d'autant plus pure et plus exempte de rancidité qu'elle est plus récente et qu'elle a été moins long-temps exposée à la chaleur : cette qualité est fort importante pour celle du café, dans le parfum de laquelle un palais exercé reconnaît à l'instant la moindre imperfection. Il est certain que si l'on faisait du café avec la graine torréfiée depuis fort long-temps et qui aurait été conservée dans un lieu très chaud, il aurait un fort mauvais goût : il faut donc, pour obtenir le résultat opposé, suivre une marche inverse, et le conseil de se servir de graine le plus récemment brûlée possible est bon. Au reste, lorsqu'on a eu soin de brûler sur un feu clair, de faire refroidir brusquement et d'enfermer le café, aussitôt qu'il est froid, dans des flacons bouchés, ce n'est pas en quelques jours qu'il est facile d'en distinguer le goût de celui qui aurait été employé immédiatement après la torréfaction.

Pulvérisation.

On recommande en général de ne point réduire le café en poudre fine, et même, pour mieux faire, de le concasser seulement. Cela tient à ce que, dans aucune des méthodes employées jusqu'à présent pour faire le café, on ne prend la peine de filtrer l'infusion : on la fait passer à travers des trous plus ou moins petits, ou tout au plus à travers une chausse de laine, de sorte que si l'on a employé pour l'obtenir de la poudre très menue, elle doit nécessairement passer trouble. Mais lorsqu'on filtre, soit à travers un papier à filtrer, soit avec un linge serré et ployé en plusieurs doubles, on peut moudre ou piler le café aussi fin qu'on veut; cela procure une économie dans la quantité de poudre à employer. Au reste, c'est le seul avantage; car l'infusion, à force égale, n'en est ni meilleure ni moins bonne.

D'après ce que j'ai dit précédemment du contact du fer dans la torréfaction, on peut penser que je ne le crains pas dans la pulvérisation : et les moulins à café ordinaires, dont la noix est en fer, me semblent fort convenables. Celui dont je me sers est disposé de manière à donner de la poudre très fine. Cette poudre, sortant du moulin, est enfermée dans un flacon bien bouché, de façon qu'elle ne perd rien de son parfum, et peut se conserver ainsi assez long-temps.

Infusion.

Voici l'opération importante, celle de laquelle dépend le résultat, et qui, au reste, a le plus exercé le génie des femmes de ménage, des gourmets et même des savans. On a inventé mille moyens et une armée d'appareils pour faire de bon café, et surtout pour obtenir d'une quantité donnée de graine le plus d'infusion ou l'infusion la plus chargée possible. Voyez les annonces de tous les inventeurs de filtres, cafetières, autoclaves et autres appareils : l'un épargne un quart du café habituellement employé, un autre, un tiers, un troisième, plus encore : celui-ci promet une infusion à 25° du caféomètre, celui-là à 30° ou 35°. Tous ces chiffres séduisent le petit rentier, la bonne ménagère, et si l'appareil annoncé n'est pas d'un prix trop élevé, il est assuré d'un grand débit. Aussi veux-je à mon tour proposer le mien, celui dont je me sers habituellement à ma grande satisfaction ; il est d'un prix extrêmement modique, d'un service très facile, d'une forme très simple, et d'un usage fort avantageux, car il donne, à froid et à chaud, une proportion considérable d'infusion très chargée d'arôme et de couleur. On doit croire en me lisant que je suis breveté d'invention, marchand ou fabricant de ces appareils ; point du tout ; mes éloges sont désintéressés, et leur seul but, comme le disent les charlatans en habit rouge, est *le bien de l'humanité.* Mais avant de donner de cet instrument merveilleux une description qui, au surplus, ne sera ni longue ni pompeuse, je suis bien aise de passer en revue les moyens et appareils qui sont venus à ma connaissance, et que j'ai tous essayés avec soin et impartialité.

La plus ancienne méthode, la plus simple, la plus facile, la plus mauvaise, et par conséquent la plus usitée, est sans contredit la décoction. C'est celle que pratiquent et pratiqueront toujours sans doute les Orientaux, grands preneurs de café, mais peu entendus à le faire bon. Au reste, ils ne tiennent pas à le prendre clair, et ils l'avalent parfaitement trouble. Nos bonnes femmes, qui emploient aussi en général ce procédé, ont soin au moins d'éclaircir leur infusion, soit en la faisant passer à travers une chausse de laine, soit par l'addition d'un peu de colle de poisson ; mais elles n'en prennent pas moins du café détestable, et voici pourquoi.

Le parfum, si recherché dans le café, n'en constitue pas toute la partie soluble, mais seulement la partie la plus soluble et la plus volatile. En effet, qu'on épuise le café en poudre par des lavages réitérés, le premier donne une infusion excellente; le second en donne une beaucoup moins agréable, le troisième et les suivans s'éloignent encore davantage du parfum primitif, et si à chaque lavage on a soin de flairer le marc, on voit qu'il a une odeur de plus en plus mauvaise, et qui finit par être réellement infecte. Dès lors il est évident que plus on extrait des principes solubles, et plus mauvais est le café qu'on prend, puisqu'on mêle au véritable parfum, qui est obtenu en premier lieu, plus ou moins de la partie qui vient ensuite, et qui est si différente.

C'est pour cela que le café fait avec de l'eau froide est si délicat : la partie la plus aromatique est seule dissoute, et elle ne risque pas de s'évaporer par une température aussi basse.

Cela posé, il est facile de voir que la décoction réunit toutes les conditions pour donner de mauvais café, car elle ne conserve point la partie la plus volatile, et elle épuise parfaitement la poudre, surtout si l'on a soin, comme les bonnes ménagères, d'employer de l'eau qui ait déjà rebouilli avec le marc de la veille.

Le même principe va servir à apprécier les divers instrumens imaginés jusqu'ici pour faire le café. Je me dispenserai même tout à fait de parler de *l'autoclave,* qui donne le moyen d'épuiser la poudre plus complétement encore que la décoction ordinaire; et je ne ferai mention que des appareils généralement appelés filtres, quoique mal à propos, puisque l'infusion, ainsi que je l'ai déjà dit, n'est point filtrée, mais tombe seulement à travers de petits trous, qui ne peuvent l'empêcher de passer trouble. Ils sont tous construits de manière à faire traverser la masse de poudre par l'eau, qui se charge ainsi des parties solubles, et tombe à l'état d'infusion dans un réservoir placé au dessous du filtre proprement dit. On emploie en général de l'eau bouillante; mais comme dans le trajet elle se refroidit beaucoup, on a imaginé de munir le réservoir d'une doublure dans laquelle on verse aussi de l'eau bouillante, qui maintient la température de l'infusion à mesure qu'elle passe, en sorte qu'on n'est pas obligé de la réchauffer, ce qui nuirait à sa qualité. Quant à toutes les inventions faites pour que l'eau soit chauffée dans l'appareil même, on conçoit qu'elles peuvent être plus ou moins commodes, mais n'influent en rien sur la bonté du café, excepté pourtant celle d'un ferblantier de Paris, nommé Morize, qui a disposé sa cafetière de manière à ce que la vapeur d'eau imprègne la poudre du café avant d'y verser l'eau. Mais avec quelque soin que j'aie employé cet instrument, j'ai toujours trouvé à l'infusion un goût amer et un peu empyreumatique, qu'elle n'a pas ordinairement avec les autres.

Les inventeurs de filtres se sont

généralement attachés à obtenir, non pas le meilleur café, mais l'infusion la plus chargée avec le moins de poudre possible. Ils ont donc pris le contre-pied, d'après ce que j'ai dit plus haut. Au reste, il y a, avec ces appareils, un moyen toujours certain de se procurer de bon café : c'est de fractionner le produit. Les premières portions d'eau qui passent à travers la poudre sont infiniment plus chargées d'arôme et de matière colorante que celles qui viennent après. Si donc on laisse de côté la question économique, et qu'on se contente de recueillir ce qui passe en premier, on peut être assuré d'avoir la fleur du parfum. Ainsi, lorsque vous avez mis dans un appareil la quantité de poudre nécessaire pour vous donner trois tasses de café, et que vous y avez ajouté également la quantité d'eau convenable, recueillez le produit en trois portions successives, et vous trouverez que la première tasse est une infusion très parfumée, mais beaucoup trop forte pour être prise ainsi; la seconde a la force du café ordinaire, mais son arôme est bien moins pur que celui de la première; enfin la troisième n'est qu'une espèce de rinçure dont l'odeur est plutôt mauvaise qu'agréable. Le mélange de ces trois infusions donne une liqueur plus ou moins bonne; mais il est évident qu'un moyen de l'améliorer beaucoup est de ne prendre que la première portion, et de se servir, pour l'amener au degré de force convenable, d'eau pure, qui au moins n'a ni goût ni odeur, au lieu de la rinçure qu'on recueille en dernier lieu. Cette inégalité du produit est d'autant plus marquée que l'eau éprouve plus de difficulté à passer à travers la poudre, soit parce que celle-ci a été fortement tassée, soit parce qu'elle présente une colonne d'une certaine hauteur. Mais cette dernière cause est la plus puissante, et l'on peut s'en convaincre par la comparaison de deux appareils dont peu de personnes ont fait usage jusqu'ici, mais que je n'ai pas manqué d'essayer, afin de ne rien négliger dans la série d'expériences que j'avais entreprise sur la confection du café. Le premier est le filtre à pression de M. Lemare, où la poudre de café est placée et tassée dans un filtre dont le couvercle, fermant très hermétiquement, est traversé et surmonté d'un tuyau de plusieurs pieds de long, par lequel on verse l'eau. Lorsqu'il est plein, la colonne d'eau pèse sur la poudre de café de toute sa hauteur, multipliée par la surface de l'espace occupé par la poudre. C'est l'application du principe de la presse hydraulique. Cet appareil est d'autant meilleur qu'il est en général destiné à opérer à froid, et que, si l'on a eu soin de bien fouler la poudre, les premières portions de l'infusion qui passent sont une espèce d'essence très parfumée. Mais il est inférieur, sous ce rapport, au filtre-presse de M. Réal, qui n'en diffère au surplus que par la forme du filtre. Celui-ci, au lieu d'être large et plat, a au contraire un pied et demi de hauteur sur 2 pouces de diamètre seulement; de façon que la poudre, qu'on peut du reste tasser plus fortement que dans toute autre disposition, se présente sous la forme d'une longue colonne que doit parcourir d'un bout à l'autre chaque goutte d'eau, se chargeant ainsi, dans tout ce trajet, d'arôme et de couleur, sous la pression d'une colonne d'eau dont on peut augmenter la hauteur à volonté.

Tous les appareils dont je viens de parler sont en général construits en fer-blanc; celui de M. Réal est en étain : on voit aussi des filtres en argent, mais cet argent contient un cinquième de cuivre, et le goût métallique y est souvent sensible : restent donc la porcelaine et le verre ou cristal, qui, sous le rapport de matière, sont irréprochables. On ne fait point de filtres en verre, mais on a imaginé d'en faire en porcelaine, et cette invention a rendu un grand service aux gourmets. Ceux surtout dont la pièce supérieure, au lieu d'être cylindrique, a un peu la forme d'un entonnoir, c'est à dire présente moins de diamètre en bas qu'en haut, sont ceux qu'on doit préférer si l'on veut faire le café à froid, parce que la poudre, à quantité égale, formant une colonne plus haute que dans les autres, et pouvant se fouler plus fortement, arrête l'eau plus long-temps, et même si long-temps, que celle-ci, n'étant pas elle-même pressée par le poids d'une colonne, ne passe guère que du jour au lendemain : c'est un inconvénient auquel il n'y a pas de remède, et il faut s'y soumettre.

Arrivons à la description que j'ai promise de l'appareil dont je me sers avec tant de succès. Cet instrument si merveilleux n'est autre chose qu'un grand tube de verre, long de 6 pieds sur 8 à 12 lignes de diamètre intérieur. Il coûte 15 sous chez le premier marchand venu. On le suspend à un clou par un cordon ou une ficelle, après avoir encapuchonné l'extrémité inférieure avec un morceau de toile ou de batiste bien propre, assujetti par un fil; puis on verse dedans la poudre de café, que l'on peut tasser à volonté en donnant au tube de petites secousses : après quoi, on remplit celui-ci d'eau froide. On recueille l'infusion et on la fait chauffer, ainsi que je le dirai plus tard.

Cet appareil, comme on le voit, est aussi simple que possible. Il n'est assurément pas cher, et il réunit toutes les conditions pour retirer d'une quantité donnée de café la meilleure infusion ou la plus grande quantité d'infusion possible. Il n'est point en métal. Il présente une colonne de café très haute, de façon que chaque goutte d'eau se sature dans ce trajet des principes solubles du café, et en extrait la majeure partie, pressée qu'elle est par le poids d'nne colonne d'eau de plusieurs pieds. L'infusion, obligée de se filtrer à travers le morceau de toile qui encapuchonne le bout inférieur du tuyau, doit nécessairement passer très claire. Les premières portions sont très chargées d'arôme et de couleur, surtout si l'on a fait tasser la poudre par de petites secousses données au tube, ainsi que je l'ai dit précédemment. Par conséquent, un gourmet doit se servir de cet instrument avec avantage. Un spéculateur y trouverait également son compte; car lorsqu'on veut épuiser absolument la poudre de ses principes solubles, on y arrive assez promptement ; en d'autres termes, on peut à volonté se procurer ou un café très délicat, ou une quantité considérable d'infusion avec une dose très faible de poudre.

Jusqu'ici je n'ai point donné de chiffres dans ce petit travail, pour éviter d'effaroucher les personnes qui sont accoutumées à faire leur café sans poids ni mesure, comme c'est l'usage général ; mais pour celles qui seraient bien aises de trouver un peu plus de précision dans mes indications, en voici quelques uns :

Le café Moka, jaune, trié et dans un bon état de siccité, pèse ordinairement 62 kilogrammes par hectolitre, ou 620 grammes par litre : le litre contient moyennement 5,000 grains, dont 8 pèsent 1 gramme.

Ce café, brûlé convenablement, avec soin et adresse, perd un cinquième à un quart de son poids; en même temps il augmente considérablement de volume : cela est au point qu'un litre pèse moins de 400 grammes et ne contient plus que 4000 grains.

Lorsque ensuite il a été moulu un peu fin, un litre de cette poudre pèse 300 grammes. Il est entendu qu'elle n'est point tassée ou foulée. Les petites mesures qui servent habituellement à doser le café moulu ont une contenance dont il est inutile de s'enquérir, parce qu'on les remplit ordinairement aussi combles que possible : quelques personnes emploient même simplement une cuiller à bouche, qui, lorsqu'elle est parfaitement comble, tient une demi-once de poudre : c'est à peu près la dose ordinaire ponr une tasse.

Quant à la quantité d'eau, habituellement on la mesure avec une tasse à café, qui en tient à peu près 4 onces. Par conséquent, on met en poids huit fois autant d'eau bouillante que de poudre de café. L'infusion qu'on en retire a en général une pesanteur spécifique qui varie de 1.012 à 1.018. Ces deux limites sont rarement dépassées, excepté par ceux qui aiment le café extrêmement fort ou extrêmement faible : 1.015 est le degré que préfèrent généralement les gourmets.

Je ne dois pas oublier de dire que si l'on veut faire le café à l'eau froide, il faut, pour obtenir une infusion de même force qu'avec l'eau bouillante, moitié de café en sus. Au reste, cette proportion dépend encore beaucoup de la forme des appareils, et en général, plus ils sont parfaits, plus on obtient proportionnellement d'infusion à froid. Par exemple, si, dans un filtre cylindrique de 3 pouces à 3 pouces et demi de diamètre, on met 2 onces de poudre, et qu'on foule fortement, versant ensuite 6 décilitres d'eau bouillante, on obtient 4 décilitres et demi ou un peu moins de quatre tasses d'infusion pesant 1.014.

Si l'on se sert d'eau froide, elle passe si vite, qu'on ne recueille qu'une infusion trop faible pour être agréable à prendre : il faut donc forcer beaucoup la proportion de poudre.

Dans le tube dont je me sers, 2 onces de poudre modérément tassée et traitée par l'eau froide donnent communément :

1.5	décilitres	à 1.033
2.2		à 1.011
1.6		à 1.008
5.2		à 1.0164

Mais habituellement je ne recueille que la première portion; je ne la fais pas même chauffer, si ce n'est en l'étendant, lorsque je veux la prendre, d'une quantité égale d'eau bouillante; ce qui l'amène à un degré de force convenable, lui communique toute la chaleur que le palais peut supporter, et lui conserve mieux son parfum que le chauffage sur le feu. De même, pour la prendre avec du lait, il est bon de verser d'abord celui-ci tout bouillant sur le sucre, et d'y ajouter ensuite de l'infusion de café en remuant toujours jusqu'à ce qu'on trouve la couleur du mélange assez foncé.

La poudre de café se gonfle considérablement par la macération avec l'eau. Mettez dans un flacon 1 once de poudre avec 2 onces d'eau; agitez un peu le tout, puis laissez reposer; au bout d'une demi-heure vous n'aurez qu'une espèce de bourbe fort épaisse. Avec de l'eau bouillante cet effet est presque instantané. Mais si vous mettez cette bourbe dans un filtre ordinaire, elle ne fournira pas l'infusion; la poudre retiendra toute l'eau, tandis que dans le grand tube elle n'en retient que son poids : le reste passe sous forme d'infusion très chargée.

Il est incontestable que l'infusion de café est d'autant meilleure à prendre qu'elle est plus récente. En effet, le contact de l'air l'altère assez promptement, et il n'y a guère de gourmet un peu exercé qui ne puisse distinguer celle qui vient d'être faite de celle qui l'a été la veille ou l'avant-veille. Toutefois je suis parvenu à la conserver plusieurs jours sans aucune altération perceptible dans son parfum, en la mettant dans de petites fioles de verre bien bouchées et à goulot très étroit; de façon que lorsqu'elles sont remplies et placées debout, la surface du liquide exposée à l'air soit la moindre possible. Les rouleaux à eau de Cologne sont excellens pour cela, et comme ils ne tiennent qu'une tasse de café, on n'en a jamais en vidange. J'ai été plus loin, et j'ai songé à obtenir une séquestration rigoureusement exacte en ajoutant, lorsque la fiole est pleine, une seule goutte d'eau de vie ou d'esprit de vin, laquelle, plus légère que l'infusion, surnage et la défend absolument du contact de l'air. Mais j'ai trouvé que cette quantité même, quelque minime qu'elle soit, comparativement à la quantité de café qu'elle est destinée à protéger, suffit pour lui communiquer un petit goût de *gloria* parfaitement sensible, même pour les palais peu exercés. Cet inconvénient, que je croyais éviter en débouchant la fiole sans la remuer ni la changer de position, et enlevant avec une pipette la partie supérieure de la liqueur, a persisté à mon grand étonnement; de sorte que j'ai renoncé à ce moyen, sans le regretter pourtant, la conservation étant parfaite avec les précautions que je viens d'indiquer.

Cette altération du parfum par le contact de l'air est d'autant plus prompte, que la température est plus élevée. Ainsi, faites le matin une certaine quantité d'infusion à chaud : divisez-la en 2 portions, dont l'une sera maintenue chaude sur un feu doux, ou même au bain-Marie; l'autre sera mise à refroidir. Après le dîner, faites réchauffer celle-ci, et goûtez-la comparativement avec l'autre, vous trouverez une différence énorme. Il y a plus, fractionnez la portion refroidie, et faites-en chauffer une moitié sur un feu très vif, de manière qu'elle arrive le plus rapidement possible à un degré voisin de l'ébullition;

mettez l'autre moitié au bain-Marie, et la différence sera encore très sensible. Aussi Cadet de Vaux a-t-il grandement raison de prescrire de *faire chauffer le café brusquement au moment de le prendre.*

Il est assez naturel aux preneurs et amateurs de café de chercher à n'en point manquer en voyage : mais celui qu'on trouve dans les auberges est généralement si mauvais, que le voyageur se trouve souvent placé entre l'horreur que lui inspire un pareil breuvage et la triste circonstance de se passer de café, véritable privation pour quiconque a l'habitude d'en prendre tous les jours. De là est venue l'idée de réduire cette infusion à un état de concentration suffisant pour pouvoir en emporter avec soi une certaine provision sous un petit volume : ainsi préparée, on lui a donné le nom d'*essence de café*, et des spéculateurs se sont mis à la préparer en grand pour l'usage des voyageurs. Celle que vend M. Rousselle, pharmacien de Paris, est contenue dans des flacons de 0,1 litre, lesquels doivent donner 12 tasses de café ; par conséquent, on alonge cette essence de 12 fois à peu près son volume d'eau, ce qui annonce un état d'excessive concentration ; en effet, elle pèse 1,145, c'est à dire plus que l'infusion de café réduite à l'état d'extrait sec : aussi l'odeur et le goût de cette essence annoncent-ils qu'on a ajouté à l'infusion de café du caramel et probablement du suc épaissi de réglisse, tel qu'il vient de Sicile. Tout cela ne fait pas une mauvaise boisson; mais un palais tant soit peu exercé reconnaît que ce n'est pas du café pur : l'odorat l'indique encore mieux. En effet, l'nfusion de café très concentrée a un parfum frais de café à la crême, tandis que l'essence de M. Rousselle joint à l'arôme du café une odeur un peu empyreumatique et caramelée.

Si l'on veut se préparer soi-même une provision de café pour le voyage, on peut se servir du grand tube dont j'ai parlé, et après avoir bien foulé la poudre, se contenter de recueillir 0,1 litre d'infusion par 60 grammes de cette poudre. La pesanteur spécifique sera d'environ 1,045; c'est à dire qu'une tasse de cette infusion donnera un fort bon café en y ajoutant deux tasses d'eau bouillante. Ce qu'on aurait de mieux a faire, au surplus, pour qu'elle se conservât bien, serait d'y faire dissoudre d'avance 25 grammes de sucre en poudre par décilitre, et de mettre cette espèce de sirop dans des flacons bien bouchés, de la capacité de 1 tasse à peu près. On sera assuré, en employant ces moyens, de prendre toujours du café excellent; et une douzaine de petits flacons suffira pour en donner 36 tasses.

Je ne puis quitter ce sujet sans indiquer une propriété du marc de café, que peu de personnes connaissent et qui n'est pas à dédaigner. Ce marc, *une fois séché,* a la vertu de détruire l'odeur infecte que donnent les pots de nuit dans les chaleurs ou dans le temps des asperges, et de la remplacer par une excellente odeur de café, qui embaume la chambre. Il est donc bon de ne point jeter le marc du café, mais de le faire sécher et de s'en servir dans l'occasion.

www.ingramcontent.com/pod-product-compliance
Ingram Content Group UK Ltd.
Pitfield, Milton Keynes, MK11 3LW, UK
UKHW022141170726
13837UKWH00004B/1703